Gilbert Kleissner

Adventskränze
50 x anders

Ulmer

Vorwort

Ideen für Blumensträuße zu verschiedenen Anlässen bzw. mit unterschiedlichen Dekorationen (Geburt, Hochzeit, Gutscheine, Jubiläen etc.) gibt es bereits viele in Buchform, in Zeitschriften und Prospekten.
Vor diesem Hintergrund war es für mich eine Herausforderung das Thema Adventskränze neu zu beleben! Die einzige Grundvoraussetzung war dabei die Kranzform beizubehalten sowie diesen mit nur vier Kerzen zu schmücken (bis auf wenige Ausnahmen wie z.B. der kunterbunte Adventskranz).
So entstanden gemeinsam mit meinem Team viele neue originelle und teilweise sehr unkonventionelle Kränze unterschiedlichster Stile, Farbrichtung und Dekoration.

Ich möchte mit meinen Vorschlägen die Berufskollegen in den Floristikgeschäften und ihre Kunden wachrütteln und ihnen vermitteln, dass es auch im Bereich der Adventskranzfloristik noch ein sehr großes Spektrum gibt, das wir bis dato nicht genutzt haben und das noch viel Freiraum für die Zukunft offen lässt. Wir sollten natürlich nicht unsere traditionellen Adventskränze vergessen; wir dürfen aber auch unsere Kunden nicht unterschätzen, die durchaus offen für Neues sind. Wichtig ist dabei meiner Meinung nach nur, den Bezug zu Advent nicht zu verlieren.
Mit diesem Buch möchte ich sowohl Kollegen als auch Kunden viele Anregungen zum Thema Adventskränze geben und sie motivieren, auch ihre eigenen Ideen umzusetzen.

Wichtige Hinweise zum Gebrauch dieses Buches:

Bei den Anleitungen zu den einzelnen Kränzen werden die wichtigsten Techniken, die dort zur Anwendung kommen, erwähnt, jedoch nicht beschrieben.

Eine Materialliste, die das Zusammenstellen der einzelnen Teile erleichtert, ist zudem bei den Kränzen mit besonders vielen verschiedenen Dekoelementen abgedruckt.

Kerzen – es sei denn, es handelt sich um ganz bestimmte Kerzen – und verwendetes Grün werden bei den Materiallisten nicht gesondert aufgeführt.

Für einige Kränze haben wir zum Teil kostenloses Werbematerial von Firmen, Vereinen etc. verwendet. Dabei handelt es sich um Dekorationsvorschläge von uns, die selbstverständlich individuell – je nach Anlass und zur Verfügung stehendem Material – angepasst und verändert werden können.

Graz, im Frühjahr 2008
Gilbert Kleissner

Lebkuchenkranz

Die Strohunterlage wird mit gemischtem Grün umbunden. Die großen Teelichter mit Lebkuchenmotiv (Floristik-Fachhandel) werden symmetrisch mit Heißkleber auf dem Kranz befestigt. Danach haben wir die einzelnen Teile (Deko-Lebkuchen, Gewürze, Nüsse, Orangenscheiben etc.) auf den Kranz geklebt und diesen mit Engelshaar verziert. Nun wird das Geschenkband um den Kranz gewickelt.

Die Details wie die Kerzen mit Lebkuchenmotiv, die Gewürze (Zimt, Ingwer etc.) und auch die Geschenkbänder wiederholen das Lebkuchenthema.

- *Strohunterlage*
- *kleine Weihnachtskugeln*
- *Deko-Lebkuchen*
- *Erdnüsse*
- *Zimtstangen*
- *Sternanis*
- *Ingwer*
- *getrocknete Orangenscheiben*
- *Geschenkband mit Lebkuchendekor*
- *farblich passender Barockengel*
- *Engelshaar*

Mein Tipp:

Achten Sie bei diesem Kranz auf die sich wiederholenden Cremetöne und auf ein schönes Zusammenspiel von Kerzen und Dekomaterial.

Kranz in Orange

- Strohunterlage
- getrocknete Orangenscheiben
- orangene Kerzen
- passende Schleifen
- Zimtstangen
- vergoldete Hagebutten
- Nüsse
- Mini-Lotus
- Zapfen
- goldener Korallfarn
- Weihnachtsmann aus Holz
- Blech-Weihnachtsbaum als Dekoelement
- Engelshaar

Die Strohunterlage wird mit gemischtem Grün gebunden. Die angedrahteten Kerzen werden symmetrisch auf dem Kranz platziert. Dann haben wir die Schleifenbänder in der passenden Farbe angedreht und in die Unterlage gesteckt. Zapfen, Mini-Lotus, Orangenscheiben, Nüsse, vergoldete Hagebutten und Ingwer werden mit Heißkleber angebracht. Weihnachtsmann, Blech-Weihnachtsbaum und goldener Korallfarn kommen als Dekoelemente hinzu. Zuletzt wird der Kranz mit Engelshaar verziert.

Für Süße

Zuerst wird auf die Unterlage das gemischte Grün gebunden. Die Konfektkerzen werden angedrahtet und auf der Unterlage befestigt. Da diese Kerzen sehr klein sind, haben wir insgesamt 8 Stück verwendet.
Der Dekor (Mini-Süßigkeiten, Zuckerstangen, weihnachtliche Servietten, Kugeln, Orangenscheiben, Zimtstangen) wird mit der Klebepistole befestigt. Zuletzt haben wir den Weihnachtsmannstecker angebracht und den Kranz mit Engelshaar aufgelockert.

- *Strohunterlage*
- *Kerzen in Konfektform*
- *getrocknete Orangenscheiben*
- *Zimtstangen*
- *kleine Weihnachtskugeln*
- *Deko-Weihnachtsmann*
- *Zuckerstangen*
- *Schokoladen-Bonbons*
- *Papier-Taschentücher mit Weihnachtsmotiv*
- *Engelshaar*

BOUNTY
BOUNTY
BOUNTY
Mars
twix
Dove

Für Kinder

Zuerst wird die Strohunterlage mit gemischtem Grün umbunden. Die angedrahteten Kerzen werden symmetrisch angeordnet. Aus Weihnachtsbändern werden Schleifen gebunden und diese dann mit Draht fixiert auf dem Kranz befestigt. Mit typischen Weihnachtsgewürzen haben wir den Kranz beklebt: Zimtstangen, Orangenscheiben, Nüsse, Kugeln.
Als weiterer Dekor dienen Holzspielsachen und eine bunte Kugelgirlanden, die auf den Kranz geklebt werden, sowie ein lustiger Schneemann. Zum Auflockern des Kranzes haben wir noch ein paar Zweige Korallfarn verwendet.

Hier wurden die traditionellen Advents- und Weihnachtsfarben Rot-Gold-Grün verwendet, da diese bei den Kleinen die beliebtesten Farben sind.

- *Strohunterlage*
- *Deko-Schneemann*
- *weihnachtliche Geschenkbänder*
- *Zimtstangen*
- *getrocknete Orangenscheiben*
- *kleine Weihnachtskugeln*
- *goldener Korallfarn*
- *bunte Perlengirlande*
- *kleine Weihnachtsmotive aus Holz (Zuckerstange, Teddybär, Lokomotive)*

Gummibären-Kranz

Hier werden die Gummibären einzeln auf eine umwickelte Unterlage geklebt. Nachdem alle Gummibärchen fixiert sind, werden farblich passende Kerzen mit Kerzenuntersetzern auf dem Kranz befestigt. Ob man zusätzlich eine Schleife anbringt, bleibt jedem selbst überlassen. Wir haben uns hier für eine rote Schleife als festlichen Schmuck entschieden.

Dieser Kranz duftet sehr lecker: Ein toller Nebeneffekt!

Rund und rot

Bevor die Kugeln auf die Unterlage geklebt werden, wird der Platz für die Kugelkerzen markiert. Befestigen Sie anschließend die angedrahteten Kugelkerzen auf dem mit Kugeln beklebten Kranz und füllen Sie die Zwischenräume mit rotem Engelshaar auf.

Die Themen rund und rot ziehen sich konsequent durch den gesamten Kranz!

Weiße Weihnacht

- *Strohunterlage*
- *Schnee-Dekofilz (Floristikfachhandel)*
- *Kerzen mit verschneitem Winterlandschaftsmotiv*
- *weißer Barockengel*
- *weiße passende Weihnachtskugeln*
- *betaute Kunstbeeren*
- *betaute Tannenzweige*
- *silbernes Engelshaar*

Der Schneedekofilz wird auf die Strohunterlage mit Schnee-Dekofilz geheftet. Lassen Sie dabei für den Keramikengel etwas Platz frei. Dann werden angedrahtete tropffreie Kerzen oder Kerzen mit Untersetzer (Floristikfachhandel) auf dem Kranz angebracht. Die angedrahteten betauten Beeren und Zweige werden zwischen dem Dekofilz eingearbeitet. Zuletzt wird der weiße Keramikengel auf der Strohunterlage mit Heißkleber befestigt.
Wichtig sind bei diesem Kranz die Details: betaute Beeren und Reisigzweige, Kerzen mit verschneiter Winteroptik und ein weißer Barockengel.
Das Thema „weiße Weihnacht“ wird hier mit großer Intensität wiedergegeben.

Für Imker

- Strohunterlage
- Bienenwachs-Kerzen
- Bienenwachsplatte (Imkergenossenschaft)
- passende Weihnachtskugeln
- getrocknete Orangenscheiben
- Erdnüsse
- Zimtstangen
- vergoldeter Korallfarn
- Bienenhonig in kleinen Gläsern
- kleine Bienen aus Kunststoff
- Engelshaar

Auf die Unterlage wird gemischtes Grün gebunden und dann werden die angedrahteten Kerzen asymmetrisch auf dem Kranz befestigt.
Drehen Sie aus einer Bienenwachsplatte ein Füllhorn und befestigen Sie es auf der Unterlage. Die kleinen Bienenhonig-gläser und der Adventsdekor (Nüsse, Kugeln etc.) werden mit Heißkleber auf dem Kranz fixiert. Ein Stückchen Wachsplatte wird auf den Kranz geklebt und ein paar Dekobienen werden darauf gesteckt.

Toller Nebeneffekt dieses Kranzes: Er duftet ganz wunderbar!

Kastanien-
honig
denblüten-
honig
Füllgewicht

Schottischer Adventskranz

Wir umbinden zuerst ca. 1/3 des Strohreifens mit gemischtem Grün und die anderen 2/3 mit einem Stoff im Schottenkaro (Stoffgeschäft). Dann werden die Kerzen – wenn sie tropffrei sind – angedrahtet, ansonsten werden sie mit Kerzenuntersetzern asymmetrisch auf der mit Stoff umwickelten Seite befestigt.
Aus einem Stoffteil wird eine Schleife gemacht, mit Draht fixiert und in die Unterlage gesteckt. Die Gläser und die Miniaturflaschen mit schottischem Whiskey werden mit Heißkleber befestigt.
Zum Schluss bringen wir noch einen eher (wie man es den Schotten nachsagt) sparsamen weihnachtlichen Dekor (Kugeln, Sternanis, Erdnüsse, Ingwer, getrocknete Orangenscheiben), zarten Korallfarn und etwas Engelshaar zur Auflockerung an.

Red Label
Red Label
Red Label
Red Label

Burberry-Kranz

Zuerst werden ca. 2/3 des Strohreifens mit gemischtem Grün umbunden. Das restliche Kranzdrittel wird mit einem Burberry-Stoff umwickelt. Wickeln Sie auch um die Kerzen den Burberry-Stoff und kleben Sie ihn an. Die angedrahteten oder gestochenen Kerzen werden in asymmetrischer Anordnung auf dem Kranz befestigt.
Der Adventsschmuck (Nüsse, Kugeln, Gewürze etc.) wird aufgeklebt. Engelshaar lockert den Kranz auf. Zuletzt wird der Engel auf die Unterlage geklebt.
Wichtige Details, die diesem Kranz seinen Charakter geben, sind die Burberryfarben, die sich im Kranz wiederspiegeln: Die Kerzen sind mit Burberrystoff umwickelt und der gesamte Dekor passt farblich perfekt zusammen. Der cremefarbene Engel ist eine sehr harmonische Ergänzung und rundet das Gesamtbild ab.

- *Strohunterlage*
- *Burberrystoff (Stoffgeschäft)*
- *farblich passende Weihnachtskugeln*
- *Zimtstangen*
- *Gewürzkugeln*
- *Ingwer*
- *Erdnüsse*
- *vergoldete Nüsse*
- *getrocknete Orangenscheiben*
- *Barockengel*
- *Engelshaar*

Für Jäger

Föhrenzweige, gemischtes Grün und knorrige Äste werden locker auf den Strohreifen gebunden – dadurch bekommt der Kranz einen sehr authentischen Waldcharakter. Die angedrahteten Kerzen werden symmetrisch auf der Unterlage befestigt. Die lackierten Zapfen und die Kugeln können angedrahtet und in die Unterlage gesteckt oder auch auf die Äste und Zweige geklebt werden. Sehr wichtig sind hier die Details wie Filzhirsch, Gamsbart und Geweih, die erst zum Schluss als Dekor mit Draht oder Heißkleber befestigt werden.

- *Strohunterlage*
- *Weihnachtskugeln, matt und glänzend*
- *lackierte Weymouthkiefer-Zapfen*
- *Filzhirsche*
- *Filzsterne*
- *Gamsbart*
- *Geweih eines Rehkitz'*

Für die Müllabfuhr

- Strohunterlage
- Weihnachtskugeln in unterschiedlichen Größen, matt und glänzend
- 2 Deko-Mülleimer
- passendes Schleifenband
- Erdnüsse
- getrocknete Orangenscheiben
- Zimtstangen
- Sternanis
- Ingwer
- Datteln
- Bonbons
- Mini-Seidenweihnachtssterne
- Zypressenzapfen
- Engelshaar

Das gemischte Grün wird auf die Unterlage gebunden, danach werden die angedrahteten Kerzen asymmetrisch auf der Unterlage befestigt. Durch diese Anordnung hat man die Möglichkeit einer besseren Präsentation des Dekors. Die kleinen Plastikmülltonnen haben wir direkt von einer Reinigungsfirma bekommen. Sie werden mit Heißkleber befestigt. Aus ihnen fließen Süßigkeiten und andere weihnachtliche Gaben.

Aus den weihnachtlichen Geschenkbändern werden Schleifen gebunden, mit Draht fixiert und in die Unterlage gesteckt. Auch die weihnachtlichen Gewürze (angedrahtete Zimtstangen, getrocknete Orangenspalten etc.) sowie die Kugeln werden mit Heißkleber befestigt.

Mein Tipp: Bei diesem Kranz ist es sehr wichtig, auf die Firmenfarben zu achten, denn dadurch hat er einen viel größeren und besseren Wiedererkennungswert.

Saubermacher
Saubermacher
Saubermacher

Für Urlauber

Zuerst wird der Strohreifen mit gemischtem Grün gebunden. Die angedrahteten Kerzen haben wir asymmetrisch auf der Unterlage befestigt, damit mehr Platz für die Dekoration zur Verfügung steht. Um Urlaubsstimmung zu erzeugen, haben wir Orangenscheiben und Muscheln auf das Grün geklebt bzw. Datteln angedrahtet und am Kranz befestigt. Anschließend wird das aus einem Reisebüro stammende Dekomaterial mit Draht bzw. mit Heißkleber fixiert und mit Engelshaar verziert.

REISECENTER
TUI ReiseC

Für Golfer

- *Strohunterlage*
- *kleine Weihnachtskugeln*
- *getrocknete Orangenscheiben*
- *getrocknete Mini-Lotusfruchtstände*
- *Zimtstangen*
- *Ingwer*
- *Sternanis*
- *Zypressenzapfen*
- *Engelshaar*
- *Golfutensilien, z. B. Pitchinggabel, Tees, Golfbälle mit Weihnachtsmotiven, golfender Weihnachtsmann (Golfshop)*

Bei diesem Kranz wird auf eine Strohunterlage gemischtes Grün gebunden, danach werden die angedrahteten Kerzen asymmetrisch auf der Unterlage befestigt. Wichtig ist hier, dass die Kerzen rund wie Golfbälle sind. Die Dekomaterialien werden mit den weihnachtlichen Gewürzen, Kugeln, Zapfen und Orangenscheiben auf den Kranz geklebt.

Für Fußballfans

Bei beiden Kränzen wird gemischtes Grün auf einen Strohreifen gebunden. Die angedrahteten Kerzen werden symmetrisch auf den Kranz gesteckt. Dann haben wir die Dekomaterialien aus dem Fanshop (hier: der beiden Grazer Fußballclubs GAK und STURM) wie Schal, Wimpel etc. angedrahtet oder gehaftet. Die Fanartikel sollten möglichst nicht geklebt werden, da man diese meist noch benutzen möchte.
Mein Tipp: Sie können diese Art von Adventskranz für Fans verschiedener Vereine ausarbeiten. Achten Sie aber immer darauf: Die Clubfarben sollten sich sowohl in den Kerzen als auch im Schmuck wiederfinden, denn erst das macht diesen Adventskranz zu etwas ganz Besonderem! Je besser Sie das schaffen, desto spezieller wird der Kranz!

LIEBHERR
GAK

Torero

Zuerst wird 1/3 der Unterlage mit einem roten Samttuch umwickelt, die anderen 2/3 werden mit Ilex umbunden. Befestigen Sie die angedrahteten Kerzen auf dem Kranz. Wir haben ein mit Weihnachtsmaterialien beklebtes Juteband am Samttuch befestigt und zuletzt die Stierhörner (Floristikfachhandel) auf den Kranz gesteckt.

Für Tennisspieler

Als Unterlage dient ein Tennisschläger, bei dem wir die Saiten entfernt haben. Der Tennisschlägerkopf wird mit Reisig umbunden. Für die Kerzen werden Tennisbälle aufgeschnitten, und diese werden dann auf die Unterlage geklebt und mit Teelichtern befüllt.
Stecken und kleben Sie Beeren und Kugeln auf den Kranz und arbeiten Sie betaute Tannenzweigspitzen ein. Zum Schluss werden die Spiegelblättchen und Perlen auf Silberdraht um den Kranz geschlungen und ein Netz wird um die Unterlage drapiert.

- *Tennisschläger*
- *Tischtennisnetz (Sportgeschäft)*
- *4 Tennisbälle*
- *Teelichter*
- *silbernes Engelshaar*
- *weiße Weihnachtskugeln*
- *Girlande mit Spiegelplättchen*
- *betaute Tannenzweige*
- *betaute Beeren*

DUNLOP

Für Verliebte

Zuerst wird auf eine Strohunterlage weiße Watte geheftet. Dann wird die Unterlage mit der Leuchtgirlande umwickelt. Befestigen Sie die vier Kerzen symmetrisch auf dem Kranz. Wenn die Kerzen nicht tropffrei sind, verwenden Sie unbedingt Kerzenuntersetzer! Das verliebte Pärchen wird zum Schluss vorne auf dem Kranz platziert.

Dieser Kranz lebt von seiner reduzierten, aber sehr aussagekräftigen Darstellung.

Pure Erotik

Zuerst wird schwarzer Samtstoff auf eine Strohunterlage geheftet. Dann werden die Kerzen befestigt. Sie werden in Gläser gestellt, die mit schwarzer Spitze umwickelt werden, wobei schwarze Federn mit eingearbeitet werden.

Rot geflitterter Ruskus und schwarz gefärbte Blätter werden angedrahtet und zwischen dem Samtstoff mit eingearbeitet. Rote und schwarze Federn werden auf die gleiche Art befestigt. Kugeln in Rot und Schwarz werden auf den Kranz geklebt und die rote Perlenschnur wird um den Kranz gewunden. Als Dekor kommen zuletzt der Federstab, das Strumpfband und der Slip auf den Kranz. Strumpfband und Slip werden mit Nadeln befestigt. Der Stab wird leicht geklebt oder nicht sichtbar gehaftet.

Mein Tipp: Auch hier sind die Details sehr wichtig! Man sollte gerade bei diesem Thema auf die Auswahl des Dekors genau achten, denn es ist ein sehr schmaler Grat zwischen sinnlich-verführerisch angehauchter Erotik und dem Abdriften ins Peinliche und Ordinäre.

- *Strohunterlage*
- *schwarzer Samt (Stoffgeschäft)*
- *Gläser mit rotem Sand gefüllt und mit Spitzenstoff und mit Federn umwickelt*
- *schwarze und rote Federn*
- *rot-geflitterter Ruskus*
- *schwarz gefärbtes feines Laub*
- *Weihnachtskugeln*
- *rote Perlenkette (Perlenschnur)*
- *erotische Accessoires wie Federstab, Strumpfband, String etc. (Erotikshop)*

Pop Art

Der orange Stoff wird um den Strohkranz gewickelt und geheftet. Die Kerzen werden mit Kerzenuntersetzern auf dem Kranz befestigt.
Rote Sisalsterne, Kugeln und geflitterter Ruskus werden mit einem Draht in unterschiedlichen Abständen angedrahtet und um den Kranz gewunden. Engelshaar, eine zarte Girlande in der passenden Farbe und orangene Filzsterne, die um den Kranz gewunden werden, lockern das Ganze auf.

The Cube

Zuerst werden bunte Oasiswürfel mit Stecknadeln auf die Unterlage gesteckt. Die Zwischenräume werden mit Engelshaar ausgefüllt.
Setzen Sie zuletzt die passenden eckigen, angedrahteten Kerzen auf (alles erhältlich im Floristikfachhandel). Die Kerzen haben wir zusätzlich mit Wellpappe in Natur und Paketschnur umwickelt.

Mein Tipp:
Diesen Kranz kann man sehr gut vorarbeiten, da vor Advent häufig wenig Zeit für einen so aufwändigen Kranz ist.

Federkranz in Orange

Zuerst werden die Federn auf die Unterlage gebunden. Alternativ können Sie auch die Federn als kleine Tuffs gabeln und auf die Unterlage stecken.
Da der Kranz aufgrund der dominanten orangen Federn so sehr ins Auge springt, haben wir uns beim Dekor etwas zurückgenommen. Wir haben uns für eine schlichte und zarte Girlande entschieden sowie angedrahtete oder gestochene Kerzen in der passenden Farbe auf den Kranz befestigt.

Mein Tipp:
Wenn man sich farblich so stark reduziert, dann sollten Kranz, Dekor und Kerzen perfekt aufeinander abgestimmt sein!

Federkranz in Rosa

Für diesen Kranz gilt dasselbe wie für den Federkranz in Orange auf der vorherigen Doppelseite: Weniger ist mehr! Hier wird mit der Girlande in ihren zartrosa und dunkelrosa Farbtönen innerhalb des akzentuierten Dekoelements ein sehr interessanter Kontrast geschaffen, der sich dem Adventskranz farblich sehr harmonisch anpasst.

Federkranz in Rot

Rot ist immer noch die klassische Farbe für Advent und Weihnachten und daher ein interessantes Thema für einen Adventskranz. Wir haben die Farbe Rot in diesem Fall sehr exzessiv ausgelebt.
Auch bei diesem Federkranz ist wieder sehr schön zu sehen: Kranz, Dekor und Kerzen sind perfekt aufeinander abgestimmt. Die Perlen und Dekosterne sind mit einem Golddraht erfasst und dieser wird als Girlande um den Kranz gewunden.

EU-Adventskranz

Zuerst haben wir die Unterlage mit Sisal umwickelt, dann die Federn in Tuffs angedreht und in unregelmäßiger Anordnung eingearbeitet.
Die gelben Sternkerzen, die symbolisch für die EU-Sterne stehen, werden angedrahtet und auf dem Kranz befestigt.
Zum Schluss bekommt dieses Arrangement durch das Engelshaar noch eine luftigleichte Note.

Adventsdüfte

Nachdem die Unterlage mit weißen Federn umbunden wurde, kommen die angedrahteten Kerzen auf den Kranz. Der Parfümdekor ist aufgeklebt. Fixieren Sie den goldenen Korallfarn. Der gesamte Kranz wirkt sehr duftig und leicht.

Mein Tipp:
Neben Parfümfläschchen können Sie auch Duftproben aus der Drogerie verwenden. Als zusätzlichen Effekt können Sie den Kranz sparsam mit einem Ihrer Lieblingsdüfte besprühen.

Collection

Papillon

Hier haben wir zuerst die Federn in Tuffs gegabelt und diese dann auf die Unterlage gesteckt.
Anschließend werden die angedrahteten Kerzen auf dem Kranz befestigt und der angedrehte geflitterte Ilex wird dazwischen gesteckt. Farblich passende Glitzerschmetterlinge schweben über dem Adventskranz.

Man sieht den Unterschied zu den vorherigen Federkränzen: Dieser Kranz wirkt gleichmäßiger und ruhiger.

Rainbow

Zuerst wird die Unterlage mit Sisal in sechs Regenbogenfarben umwickelt. Pro Farbe haben wir zwei angedrahtete Kerzen angebracht. Diese Sisalbahnen werden mit dem farblich passenden weihnachtlichen Dekor versehen.

Da dieser Kranz zwölf Kerzen besitzt, kann man an jedem Adventssonntag drei Kerzen farbübergreifend anzünden!

Lemon

Hier werden zuerst auf der Unterlage die Flächen für die Kerzen gekennzeichnet und dann die Limetten befestigt. Verwenden Sie frische Limetten. Damit die Früchte nicht faulen, können Sie sie mit Klarlack besprühen oder wachsen.
Wir haben Smaragdthujen eingearbeitet und anschließend die farblich passenden Kerzen aufgesetzt. Die Zwischenräume werden mit Engelshaar aufgefüllt. Zuletzt wird passender Adventsdekor angebracht.

Orange

Zuerst wird die Unterlage mit getrockneten Orangenscheiben beklebt, dann werden die angedrahteten, farblich passenden Kerzen aufgesetzt. Wir haben goldgelbe Federn in den Kranz gesteckt und orangene Spiegelbättchen als optischen Akzent um ihn gewunden.

Dieser Kranz duftet – passend zur Adventszeit – ganz wunderbar nach Orangen.

Apfelkranz

Getrocknete Apfelscheiben (Floristikfachhandel) werden auf die umwickelte Unterlage geklebt, die Kerzen werden angedrahtet und auf den Kranz gesteckt. Kleine Dekoäpfel werden aufgeklebt, die Zimtstangen und die Cornuszweige (Hartriegel) sind weitere wichtige Elemente.

Hier ist die Farbharmonie sehr wichtig.

Muschel-Kranz

Markieren Sie auf der Kranzunterlage den Platz für die Glaslichter und kleben Sie die Muscheln auf. Danach werden die Glaslichter mit dünnem Stoff und mit kleinen Steinen und Muscheln beklebt. Sie werden je mit einem Teelicht befüllt und auf der Unterlage fixiert.
Der weitere Dekor sind eine weihnachtliche Girlande, die um den Kranz gewunden wird, und Engelshaar. Alle Materialien erhalten Sie im Floristikfachhandel.

Kristall-Adventskranz

Zuerst werden Eisenringe geschweißt, die als Grundgerüst für diesen Adventskranz dienen. Die Eisenringe werden mit silbernem Engelshaar und Silberdraht umwickelt.
Glassteine, Glasengel und Glaskerzenlichter werden angeklebt oder zum Teil mit Silberdraht angedreht. Füllen Sie die Gläser mit Glaskristallen und stellen Sie die Teelichter hinein.

Ein Hauch von Luxus

Echte Pelzstücke (Kürschner) werden auf einen Strohreifen geheftet. Für den vergoldeten Barockengel wird dabei ein kleines Stück freigelassen, denn dieser wird direkt auf die Strohunterlage geklebt. Dadurch hält er besser und wackelt nicht!
Danach werden angedrahtete Kerzen in asymmetrischer Anordnung angebracht.

Achtung: Wenn Sie keine tropffreien Kerzen haben, müssen Sie unbedingt mit Kerzenuntersetzern arbeiten, da sonst die Gefahr besteht, dass sich der Adventskranz entzündet!
Vergoldete Hagebutten werden fixiert und goldenes Engelshaar wird verspielt über dem Pelz verteilt.

Afrika

- >> Strohunterlage
- >> Stoff mit Tiger-/Leopardenmuster (Stoffgeschäft)
- >> Kerzen in Orange- und Brauntönen mit eingearbeiteten Kaffeebohnen (Floristikfachhandel)
- >> Datteln
- >> Minibananen
- >> Zwergananas
- >> exotische Früchte
- >> Holzgiraffen (Afrikashop)
- >> Stein mit Afrikaprint (Afrikashop)

Die Stoffe in Tiger- und Leopardenfelloptik werden auf die Strohunterlage geheftet. Die passenden Kerzen in Orange- und Brauntönen werden, wenn sie tropffrei sind, angedrahtet und ansonsten auf Kerzenuntersetzern befestigt.
Wir haben uns für Minibananen, Datteln, Zwergananas und andere exotische Früchte als Deko entschieden. Sie werden angedrahtet und in den Kranz eingearbeitet. Der Stein mit Schriftzug wird mit Heißkleber befestigt und die hölzernen Giraffen werden angedrahtet.

GREETINGS FROM AFRICA

Kuh-Adventskranz

Der Stoff in Kuhfelloptik (Stoffgeschäft) wird um einen Strohring gewickelt und festgehefet. Die gestochenen Kerzen werden asymmetrisch angeordnet. Wenn Sie keine tropffreien Kerzen verwenden, nehmen Sie Kerzenuntersetzer (Floristikfachhandel). Zuletzt wird als Dekor eine Kuhglocke am Kranz befestigt.

Dieser Kranz benötigt nicht mehr Schmuck; er besticht durch die Reduktion seiner Teile.

Käse-Kranz

- Strohunterlage
- dunkelgelber und hellgelber Stoff
- Kerzen in Käseoptik (Floristikfachhandel)
- gold-gelbe Dekorfedern mit Verzierungen
- vergoldete Nüsse
- goldene Gewürzkugeln
- Engelshaar
- gold-gelbe Girlande mit Spiegelplättchen und Perlen

Die Unterlage wird wattiert und mit dunkelgelbem Stoff umwickelt. In den hellgelben Stoff werden Löcher geschnitten und dieser wird um den Kranz gewickelt. Dann werden die angedrahteten Kerzen auf den Kranz gesteckt.
Die Nüsse und Gewürzkugeln werden auf den Kranz geklebt, die Federn gesteckt und die Spiegelplättchen und Perlen auf Draht um den Kranz gewunden.
Das goldene Engelshaar wird um die Nüsse und Gewürzkugeln gewunden bzw. wie ein kleines Nest angeordnet.

Hier sind die Kerzen in Käseoptik der absolute Hingucker; sie verleihen dem Kranz zusätzlichen Pfiff.

AdventsZEIT

Sie können entweder einen Weidenring winden und flittern (d. h. mit Sprühkleber besprühen und mit Flitter bestreuen) oder ihn fertig im Floristikfachhandel besorgen. Angedrahtete Kerzen werden auf dem Weidenring befestigt und danach werden die Uhren eingearbeitet. Zuletzt wird der Dekor angebracht: eine zarte rote Perlengirlande um den Kranz winden und Engelshaar um die Kerzen legen.

Pasta-Adventskranz

Zuerst werden die Nudeln auf die Unterlage geklebt. Dann werden die angedrahteten Kerzen auf den Kranz gesetzt und an der Basis mit Nudeln beklebt.
Zum Schluss wird der Kranz noch mit dezenten, farblich passenden Girlanden umwickelt.

Mein Tipp:
Arbeiten Sie sehr vorsichtig, die Nudeln brechen leicht!

Stein-Adventskranz

Zuerst werden die Steine auf die Unterlage geklebt. Dann werden die angedrahteten Kerzen zwischen den Steinen in die Unterlage gesteckt.
Die Zwischenräume werden mit Engelshaar aufgefüllt. Zuletzt haben wir die Kerzen mit Kordeln umwickelt und diese fixiert.

Achtung:
Dieser Adventskranz wiegt sehr viel.

Foto-Adventskranz

Zuerst wird der Platz für die Kerzen auf der Unterlage angezeichnet, dann wird der Kranz mit Fotoartikeln beklebt. Die angedrahteten Kerzen werden auf dem Kranz befestigt.
Wir haben dann geflitterten Ruskus und Engelshaar in die Zwischenräume gesteckt und zuletzt eine Girlande aus Spiegelplättchen und Perlen auf Silberdraht um den Kranz gewunden. Das Engelshaar wird um die Kerzen herum angeordnet.

- *Strohunterlage*
- *Fotomaterial, z.B. alte Filmdosen und -schachteln, Filme, Filmrollen, Diarahmen (Fotoladen oder Fotograf)*
- *Engelshaar*
- *silber-geflitterter Ruskus*
- *passende Girlande mit Spiegelplättchen und Perlen*

Kodak
ADVANTiX
ULTRA
APS
25 EXP FILM
Kodacolor
36 EXP FILM
200
ILFORD
FP4
20
FP4
RAPID

Jeans-Kranz

Zuerst wird eine Jeanshose zerschnitten und auf die Unterlage geheftet. Dann werden die farblich passenden, angedrahteten Kerzen auf dem Kranz befestigt. Wir haben die Kerzen zusätzlich mit Girlanden umwickelt und diese aufgeklebt.
Rund um den Kranz werden dann geflitterter Ilex, Mohn und Adventdekor eingearbeitet. Zum Schluss wird eine Girlande mit Spiegelplättchen und Perlen um den Kranz gewunden.

- *Unterlage aus gepresster Pappe (Biounterlage)*
- *Jeanshose*
- *passende Kerzen*
- *blaue Girlande*
- *geflitterter Ruskus in Silber und Blau*
- *Mohn in Silber*
- *Girlande mit Spiegelplättchen*
- *winterliche Dekozweige mit feinen Glassteinen*

Mein Tipp:
Verwenden Sie eine alte Jeans vom Floh-, Fetzen- oder Trödelmarkt oder aus dem Secondhandshop.

Leder-Adventskranz

Zuerst wird das Leder (Stoffgeschäft) auf die Unterlage geheftet und dann werden die angedrahteten Kerzen in Lederoptik (Floristikfachhandel) auf dem Kranz befestigt. Kleben Sie zuletzt die Lederschoten (Floristikfachhandel) auf.

Das Besondere sind die Kerzen in Lederoptik, welche hervorragend zu diesem Lederkranz passen!

Kaffee-Kränzchen

Umwickeln Sie die Unterlage zunächst mit Jute und kleben Sie dann auf vier abgemessene Felder Kaffeebohnen in mehreren Lagen.
Wir haben Zuckerwürfel an Bänder mit Adventsdekor gebunden und diese um die Felder mit Jutestoff gewickelt. Zuletzt werden die Kaffeetassen auf die Bohnen geklebt.

Mein Tipp:
Wir haben Kerzen mit Kaffeeduft in die Kaffeetassen gestellt.

COFFEE
BEAN

Süße Waffeln

Zuerst wird 1/3 der Unterlage mit dem Handtuch mit Firmenaufdruck umwickelt, dann werden die restlichen 2/3 mit Reisig umbunden. Die angedrahteten Kerzen befestigen Sie asymmetrisch auf der Reisigseite der Unterlage. Zum Schluss werden die PR-Artikel auf den Kranz geklebt oder mit Draht eingearbeitet.
Als Adventsdekor dienen Glassterne in der passenden Farbe.
Bei diesem Kranzreifen handelt es sich um einen Strohreifen mit 55 cm Durchmesser. Man kann diesen Kranz aber auch etwas kleiner ausführen. In diesem Fall lässt man einfach das Handtuch weg, bindet den gesamten Kranz mit gemischtem Grün und ordnet die PR-Artikel in einer Streuung auf der gesamten Unterlage an.

Mein Tipp:
Diese Kranzidee lässt sich – in Variationen – mit verschiedenen Artikeln und den passenden Firmenfarben für viele Kundenaufträge verwenden. Wichtig dabei ist, dass sich die Firmenfarbe – wenn möglich – in den Kerzen und dem Adventsschmuck wiederfinden sollte!

Manner
Original
Neapolitaner
WIEN
Manner
Creme Creme
Manner
Manner

Casino

Ein Teil der Kranzunterlage wird mit dem grünen Filztuch umwickelt, danach wird die restliche Unterlage mit Reisig oder gemischtem Grün umbunden.
Die angedrahteten weißen Kugelkerzen, die symbolisch für die weiße Kugel stehen, werden in den Kranz gesteckt und in die Mitte des Kranzes kommt ein Roulettespiel. Der Adventdekor wird zum Teil geklebt, zum Teil angedreht und dementsprechend auf dem Kranz befestigt. Zum Schluss werden noch die Jetons in den Kranz eingearbeitet: Wir haben sie teilweise geklebt oder einfach eingesteckt.

Mein Tipp:
Für diesen Kranz auf den Fotos haben wir echte Jetons verwendet. Sie können natürlich genauso gut unechte Spieljetons einarbeiten oder in Casinos nach unechten, so genannten Glücksjetons fragen.

20
CASINOS
500
AUSTRIA
CASINOS
100

Winzerkranz

Zuerst werden Weinwurzeln (bei Weinbauern erfragen) kurz abgeschnitten, gereinigt, angebohrt und zu einer Kranzform zusammengeschraubt. Diese Weinwurzelunterlage wird mit Weinlaub umwickelt und mit Weintrauben dekoriert. Zum Schluss werden Weinrömergläser (vom Weinbauern oder Trödelmarkt) auf die Weinwurzelunterlage geklebt. In diese werden Stumpenkerzen gestellt.

Terrakotta

Zuerst werden die angedrahteten Kerzen auf der Unterlage befestigt. Dann wird die Unterlage mit Minitontöpfen beklebt. In den Zwischenräumen und in einigen Töpfen wird der Adventsdekor (z.B. goldene Nüsse, goldener Mohn, farblich passende Beeren und Kugeln etc.) fixiert. Zum Schluss wird Engelshaar eingearbeitet. Eine farblich passende weihnachtliche Schnur wird locker um den Kranz gewunden.

- *Strohunterlage*
- *Mini-Tontöpfe (Floristikfachhandel)*
- *kleine Weihnachtskugeln*
- *goldene Nüsse*
- *goldener Mohn*
- *künstliche Beeren*
- *getrocknete Orangenscheiben*
- *zartes Stoffband im passenden Farbton mit Draht und rot-braunen Glasperlen umwickelt*
- *goldenes Engelshaar*

Royal-Adventskranz

- *Strohunterlage*
- *Kerzenhalter in Kronenform (Floristikgroßhandel)*
- *gold-geflitterte Teelichter*
- *vergoldeter Korallfarn*
- *vergoldete Rosen*
- *vergoldete Weidenkugeln*
- *rote und vergoldete Hagebutten*
- *rote Beeren*
- *Engelshaar in Rot und Gold*
- *königliche Filzelemente, z. B. Lilie, Stern (Floristikgroßhandel)*
- *rot-goldener Dekoschmuck mit Quasten (Floristikgroßhandel)*
- *rot gefärbter Mohn*
- *rote Beerengirlande*
- *goldene Gewürzkugeln*

Zuerst wird die Unterlage mit Reisig umbunden. Dann werden die vier Kerzenhalter in Kronenform auf den Kranz geklebt und mit Teelichtern befüllt.
Der Royal-Schmuck wird teilweise mit Draht umwickelt und am Kranz befestigt. Die verschiedenen Beeren, der goldene Korallfarn und das Engelshaar lockern den ganzen Kranz auf.

Adventskranz in Schwarz-Gold

- *Strohunterlage*
- *schwarz-goldene Krönchen als Kerzenhalter (Floristikgroßhandel)*
- *goldene geflitterte Teelichter*
- *vergoldete Rosen*
- *goldene Nüsse*
- *schwarze Federn*
- *schwarze Filzengel (Floristikgroßhandel)*
- *goldene Gewürzkugeln*
- *goldene Vogelfrucht*
- *goldenes Engelshaar*

Zuerst wird die Unterlage mit gemischtem Grün gebunden. Dann werden die vier Kronen als Kerzenhalter auf den Kranz geklebt. Setzen Sie die Teelichter hinein. Anschließend wird der schwarz-goldene Adventsdekor auf den Kranz geklebt. Wir haben einen Federtuff spiralförmig gebunden und in der Mitte des Kranzes eingearbeitet. Zum Schluss wird das Engelshaar um den Kranz gewunden.

Mein Tipp:

Hier muss man darauf achten, dass das Farbthema „Schwarz-Gold" konsequent durchgehalten wird, auch in kleinen Details wie den geflitterten Teelichtern.

Danksagung des Autors

An dieser Stelle möchte ich mich bedanken: bei meinem Team, Susanne Deutsch, Sandra Harrer und Bettina Kraus, die gemeinsam mit mir meine Ideen in die Tat umgesetzt haben, sowie bei Werner Krug für seine hervorragenden Fotos.

Alle Fotos inkl. Titelfoto fertigte Werner Krug, Graz.

Bibliografische Information der Deutschen Nationalbibliothek
Die Deutsche Nationalbibliothek verzeichnet diese Publikation in der Deutschen Nationalbibliografie; detaillierte bibliografische Daten sind im Internet über http://dnb.d-nb.de abrufbar.

Wollgrasweg 41, 70599 Stuttgart (Hohenheim)
E-Mail: info@ulmer.de
Internet: www.ulmer.de
Lektorat: Anke Ruf
Umschlagentwurf: red.sign, Susanne Junker, Stuttgart
dtp & Litho: Medienfabrik GmbH. Stuttgart
Druck und Bindung: Westermann Druck. Zwickau
Printed in Germany

ISBN 978-3-8001-5756-3